ALINA MANNONE

Il mio diario d'artista - *my artistic diary*

L'eleganza e la bellezza figurativa di Alina Mannone si evince in ogni sua opera realizzata con una tecnica matura e capace di rappresentare i suoi protagonisti con naturale disinvoltura. Con una tavolozza piena di colori invitanti e di pennellate generose, Alina Mannone attrae l'attenzione del fruitore coinvolgendolo in un mondo di piacevoli emozioni personali, ricche di spessore e consistenza.

Dino Marasà

The elegance and the figurative beauty of Alina Mannone can be seen in every artwork done with a mature technique which is able to represent the protagonists with natural ease. With a palette full of inviting colours and generous brushstrokes, Alina Mannone attracts the attention of the user, involving him in a world of pleasant personal emotions, rich in thickness and consistency.

Dino Marasà

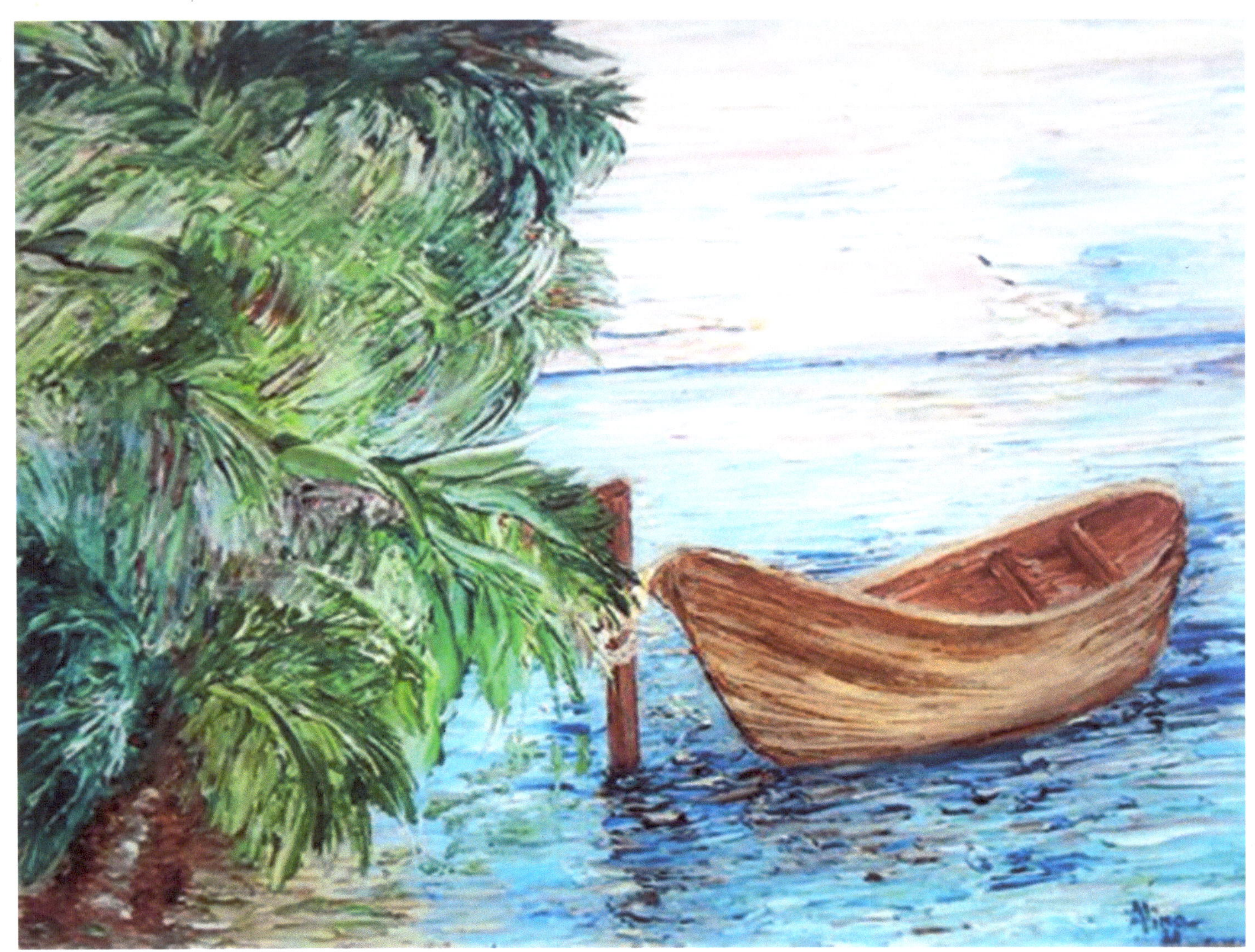

Solitudine, 2013, olio, spatola, cm 50x60

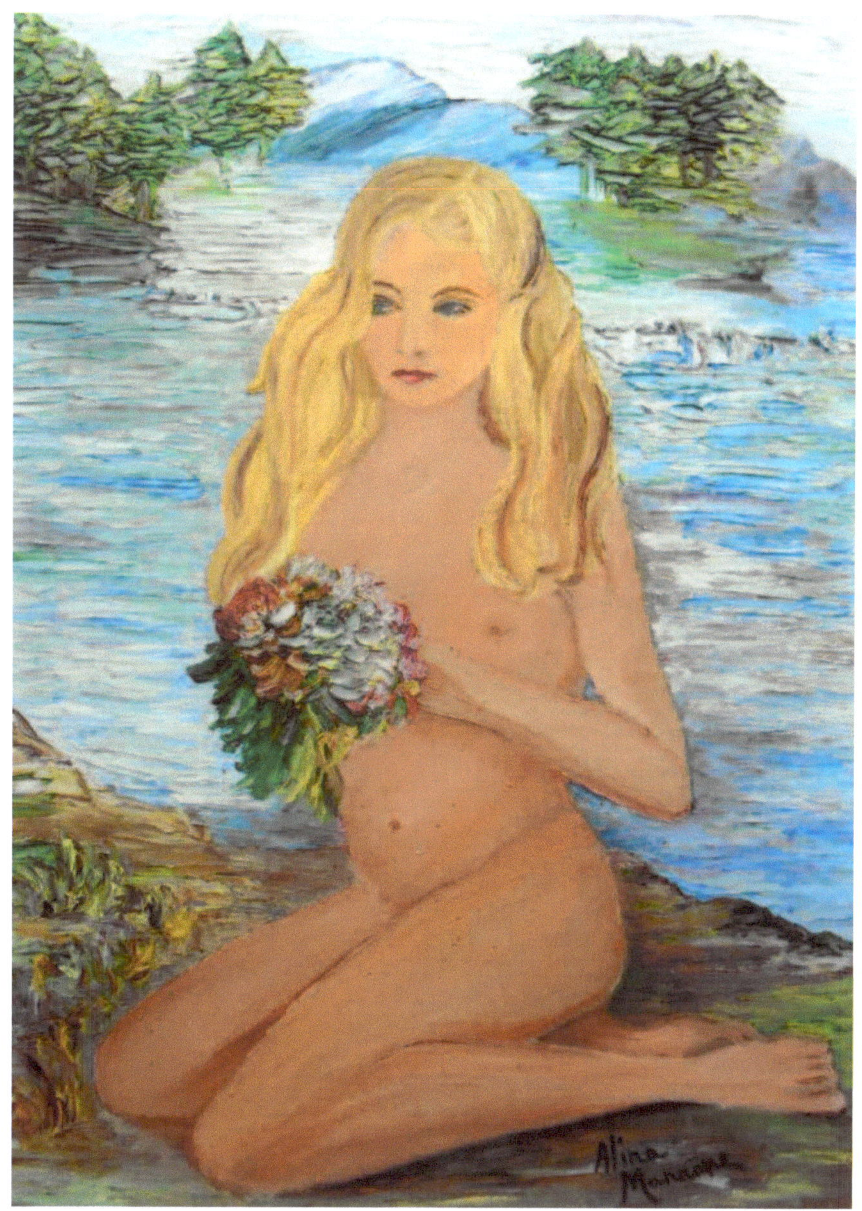

Adolescente, 1981, olio, tecnica mista, cm 50x70

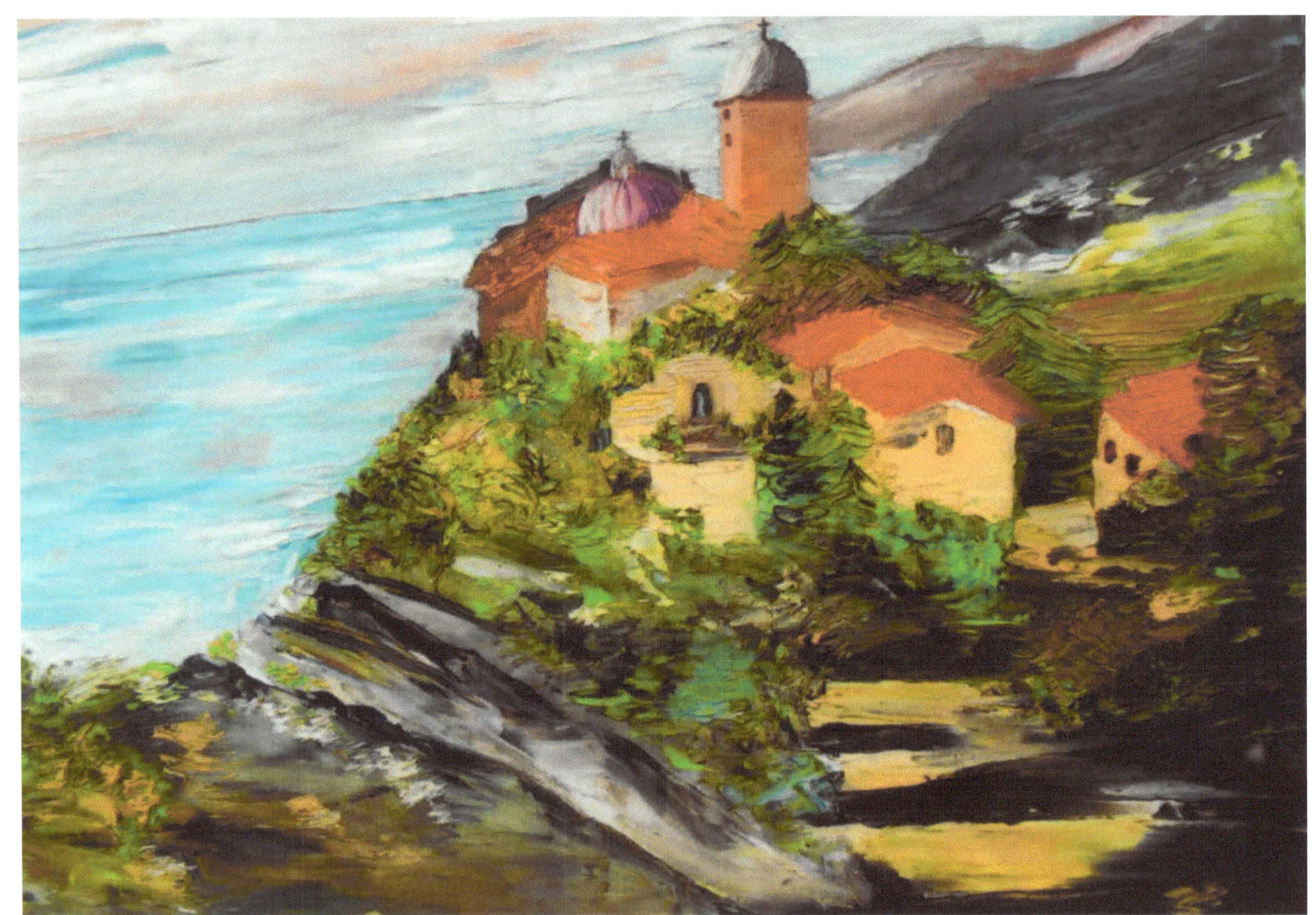

Montecastello di Tignale del Garda, 1978, olio, spatola, cm 50x60

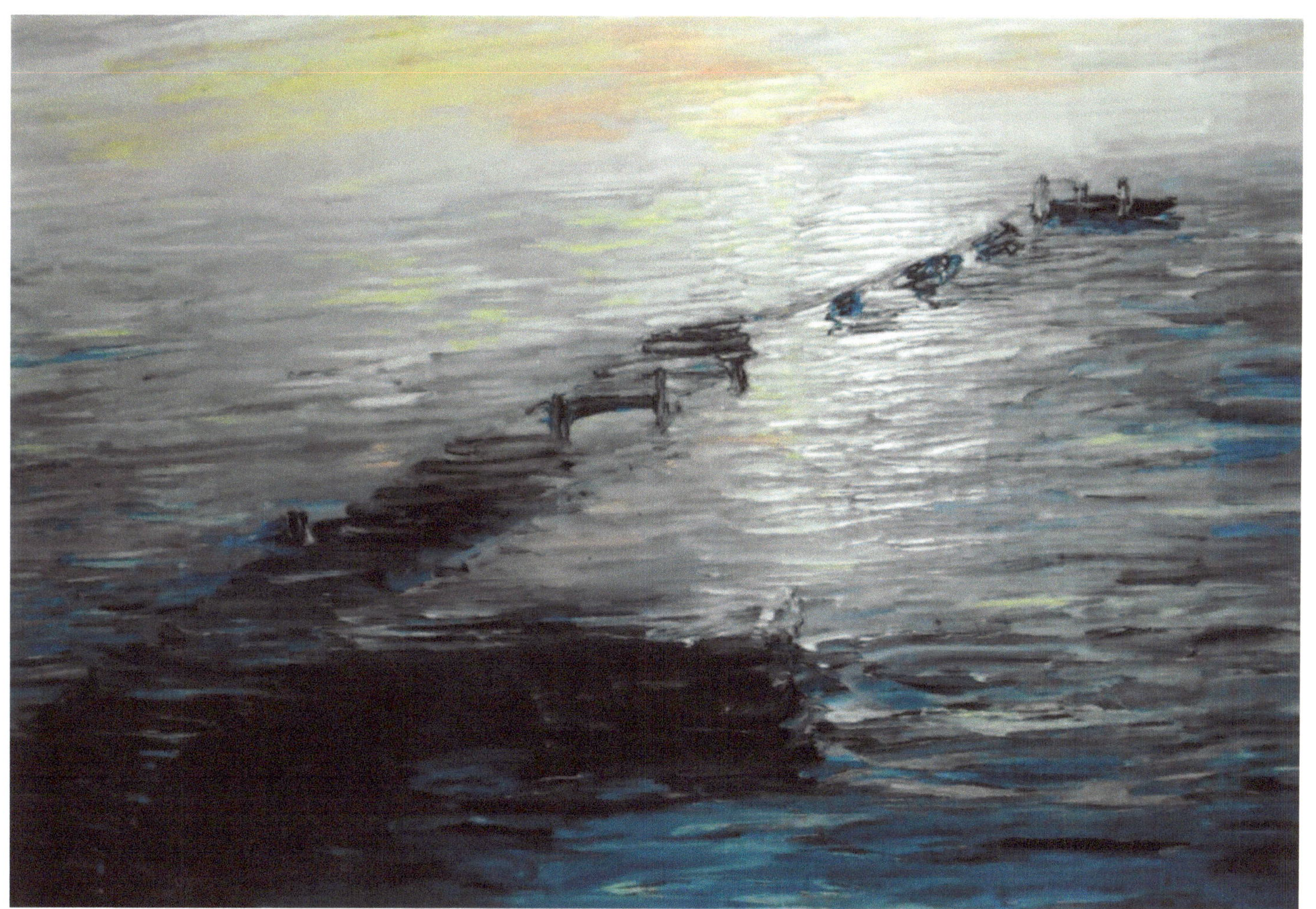

Tramonto, 1978, spatola, olio, cm 40x50

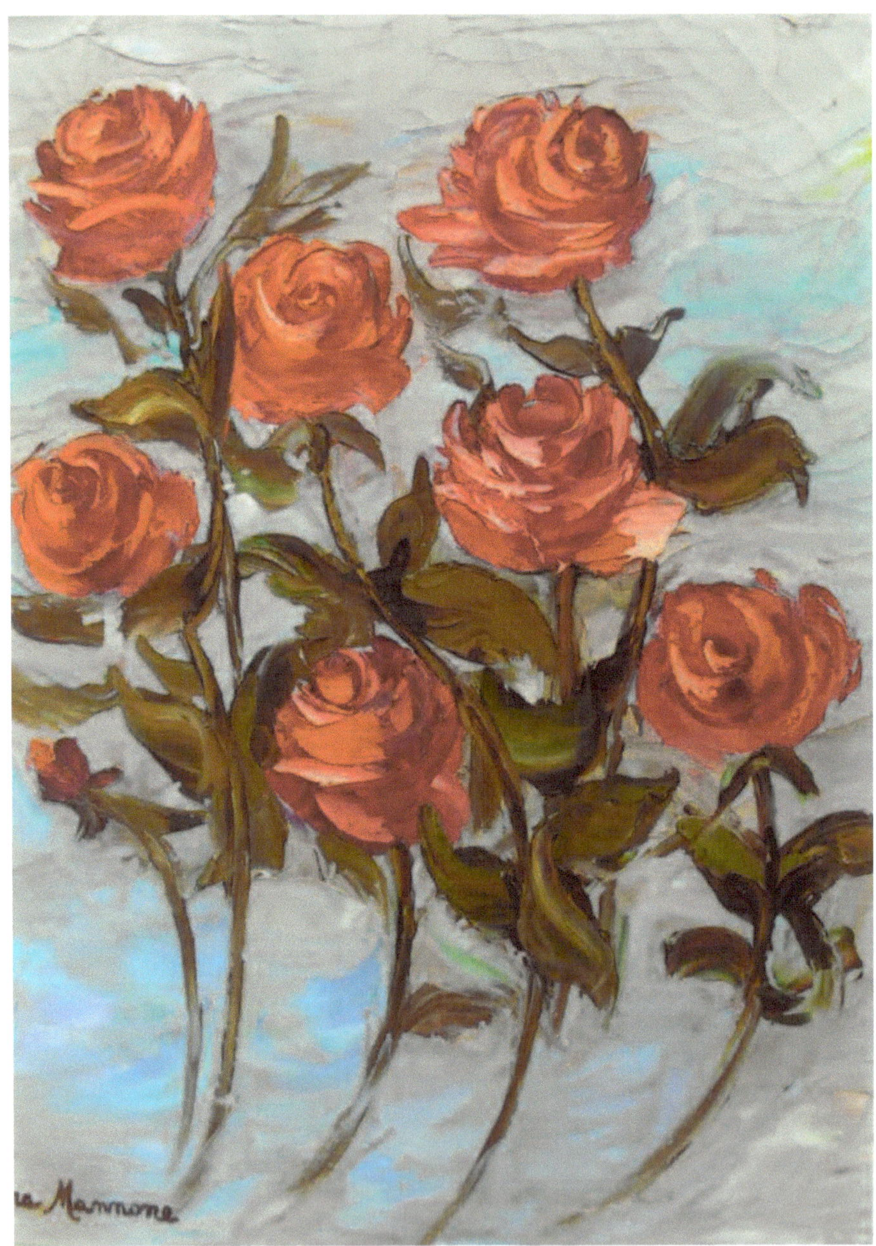

Rose, 1978, spatola, olio, cm 50x60

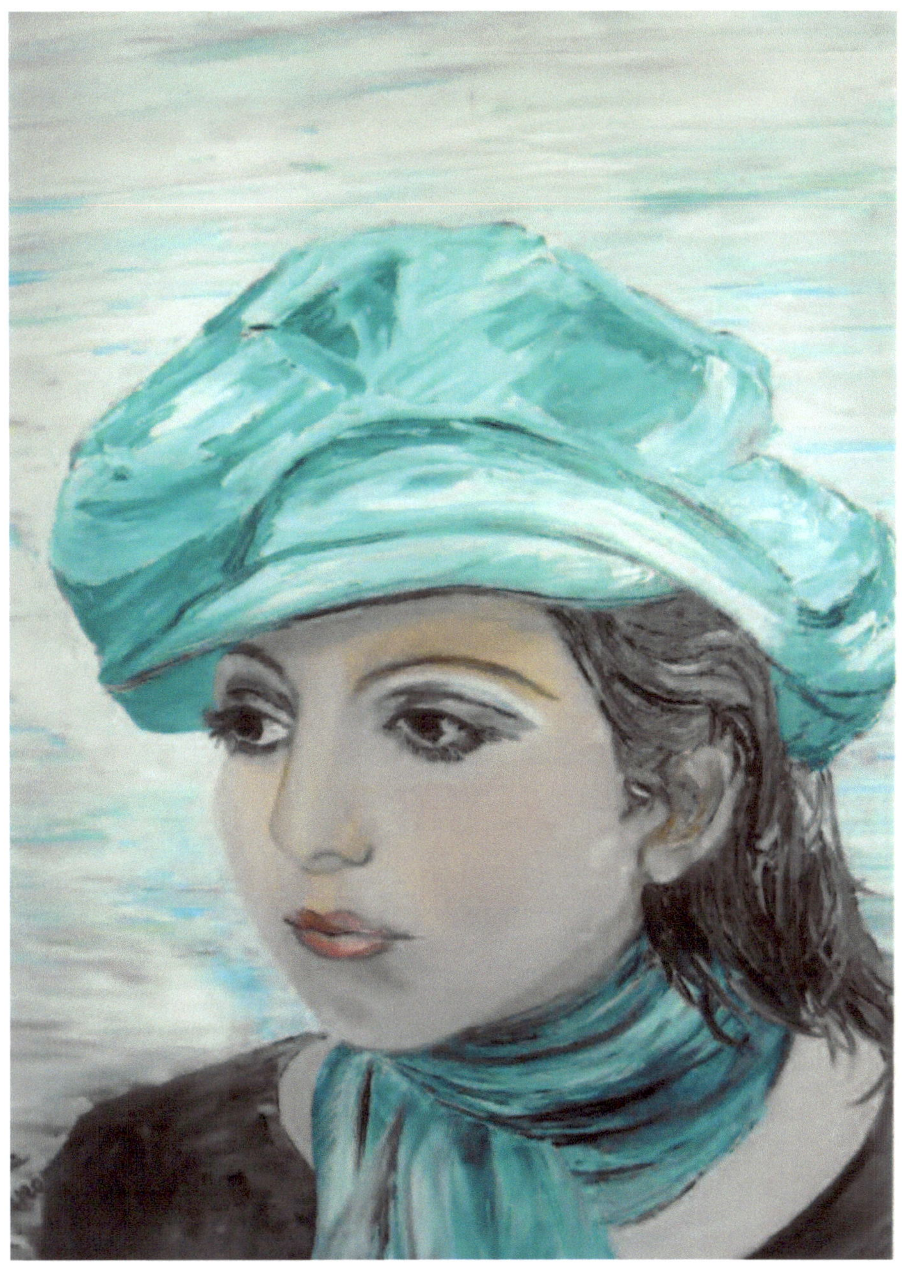

Anna, 1986, olio, tecnica mista, cm 40x50

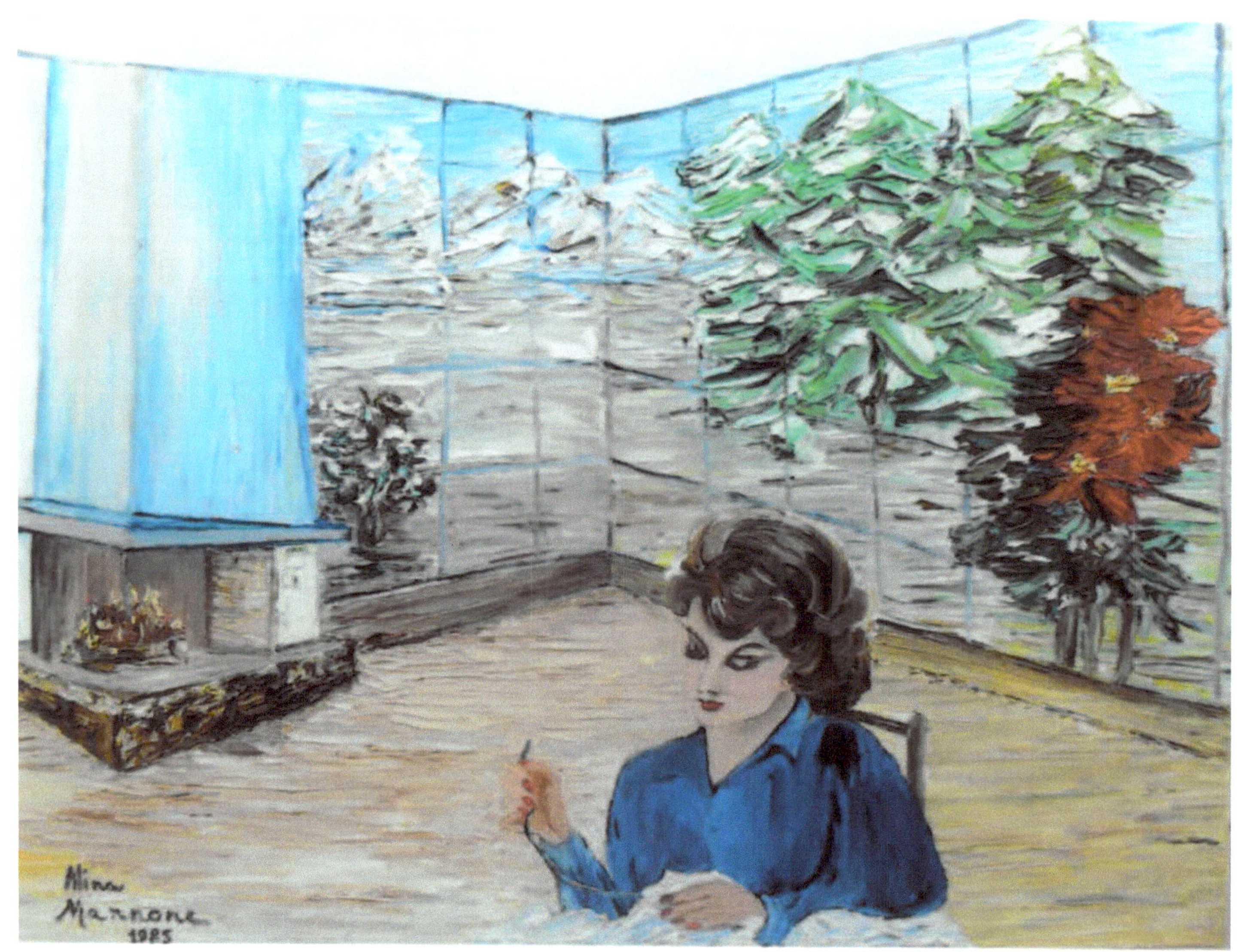

Natale, 1985, olio, tecnica mista, cm 50x70

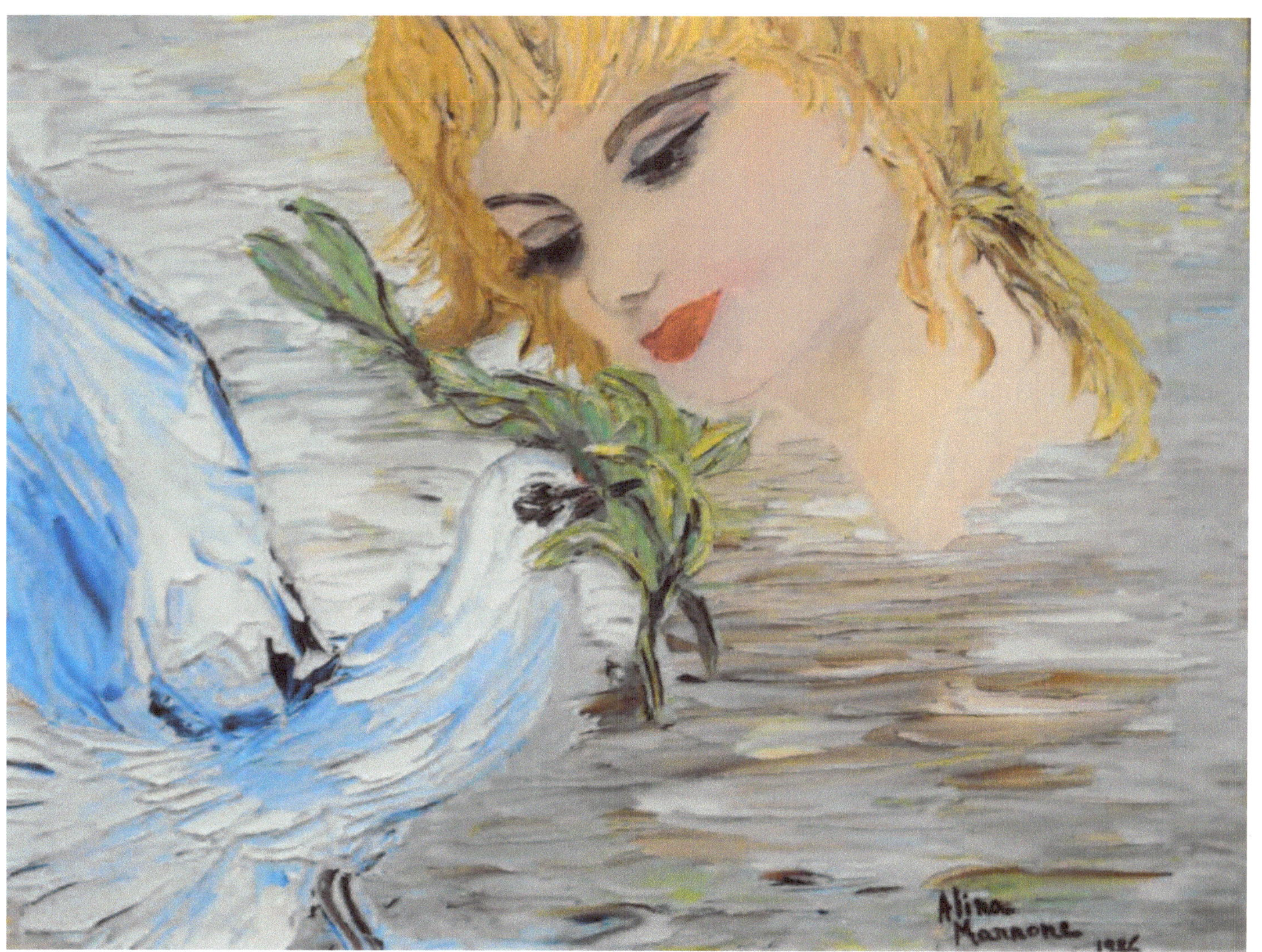

Pace, 1986, olio, tecnica mista, cm 50x70

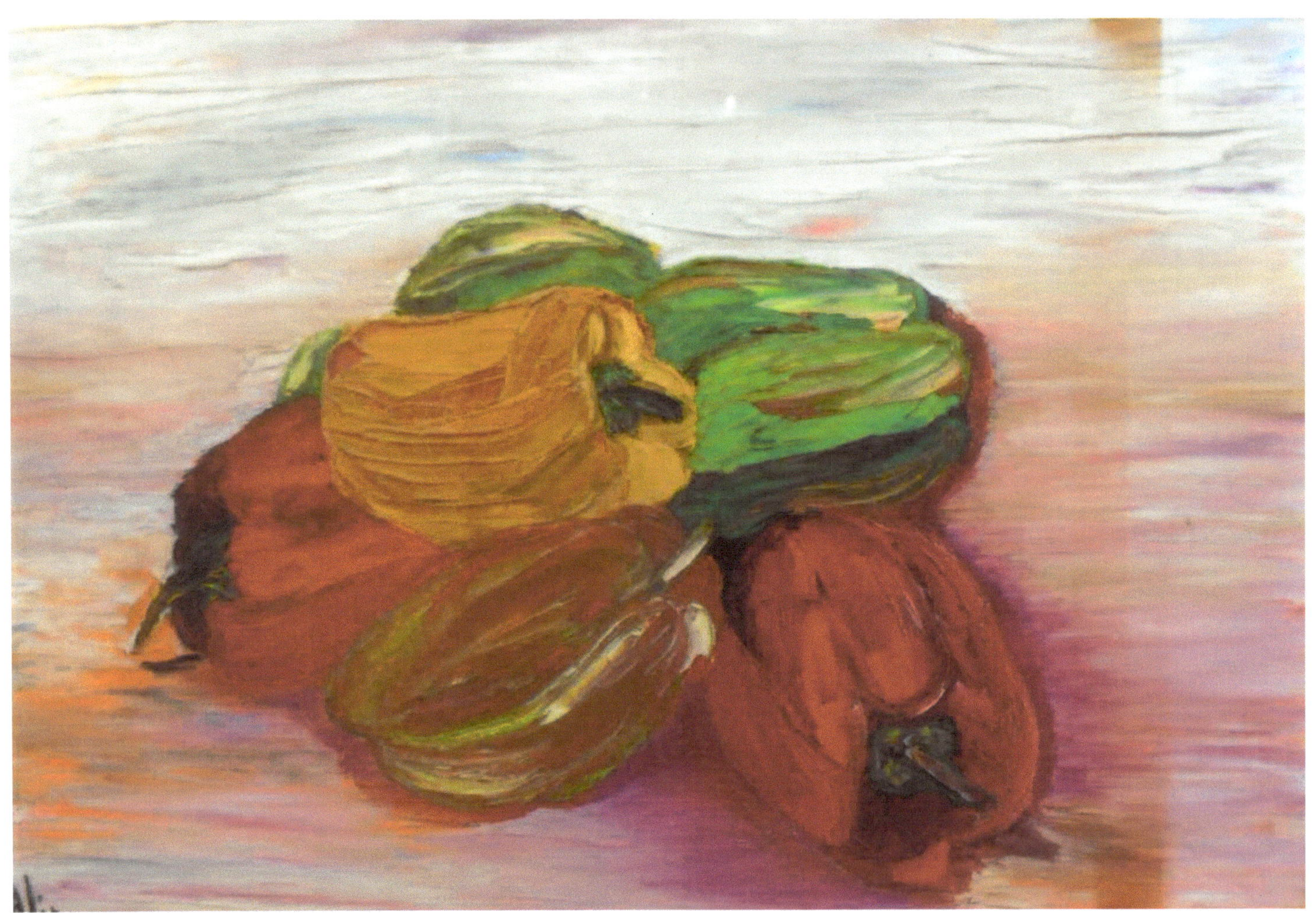

Peperoni (natura morta), 1986, spatola, olio, cm 40x50

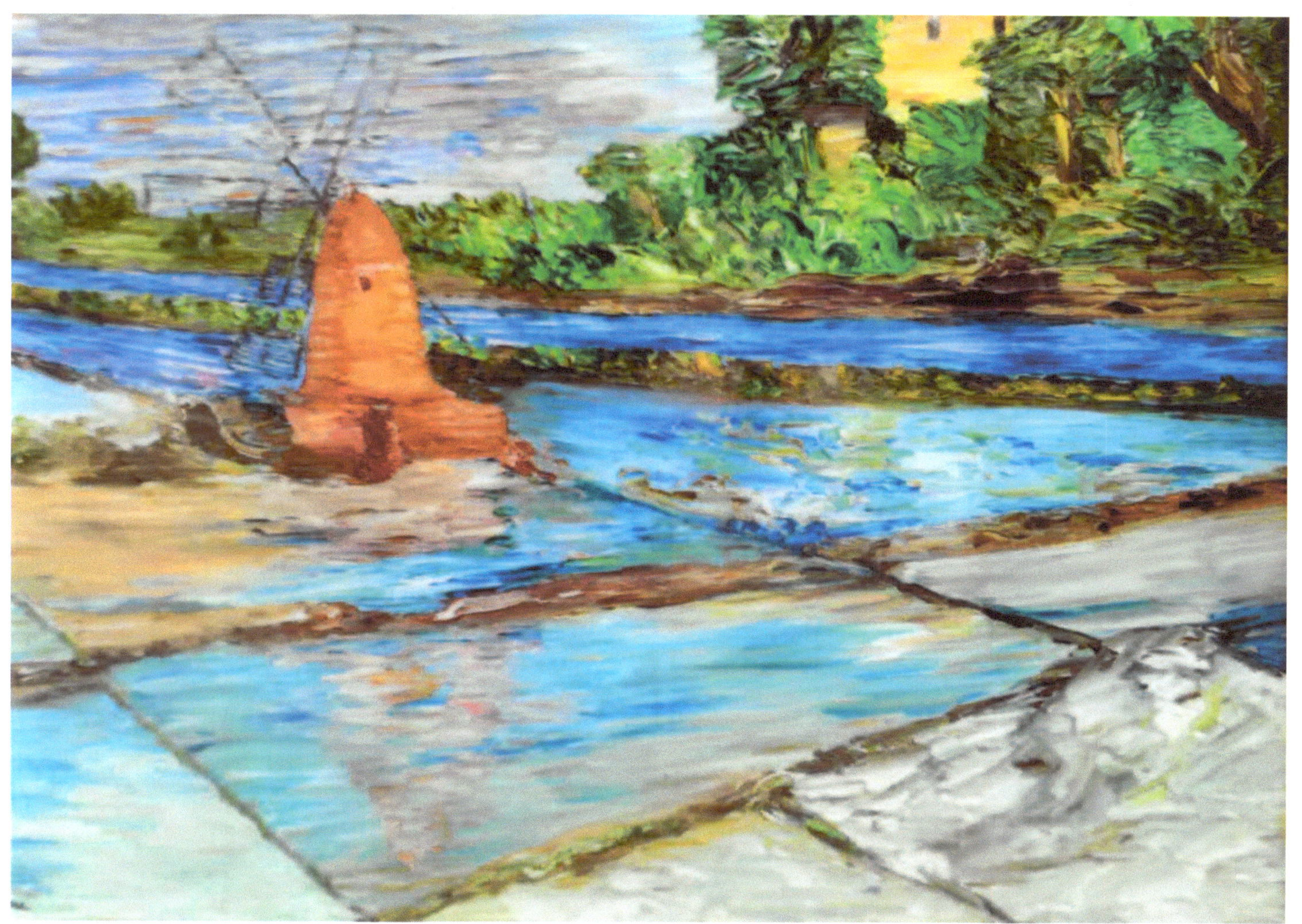

Mulino Ettore Infersa, Marsala, 1988, spatola, cm 50x70

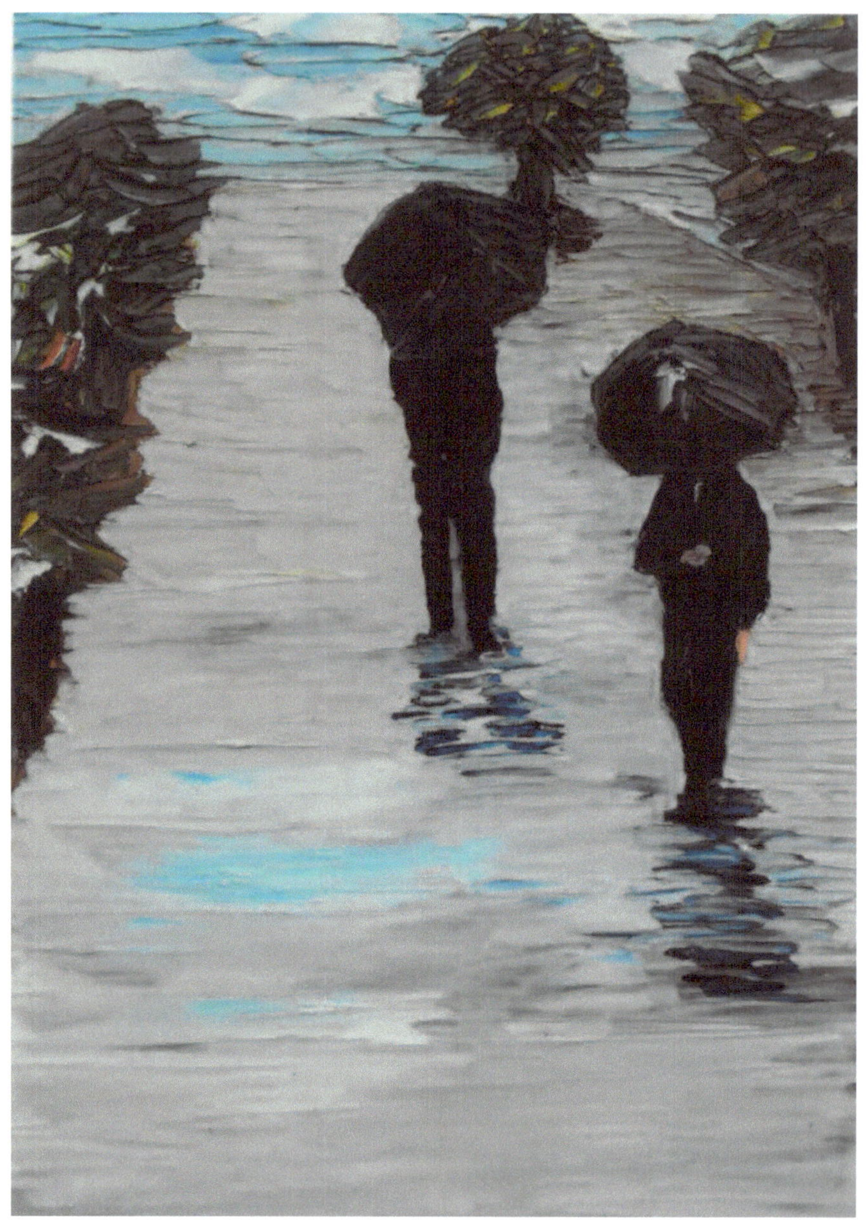

Sotto la pioggia, 1986, spatola, olio, cm 40x50

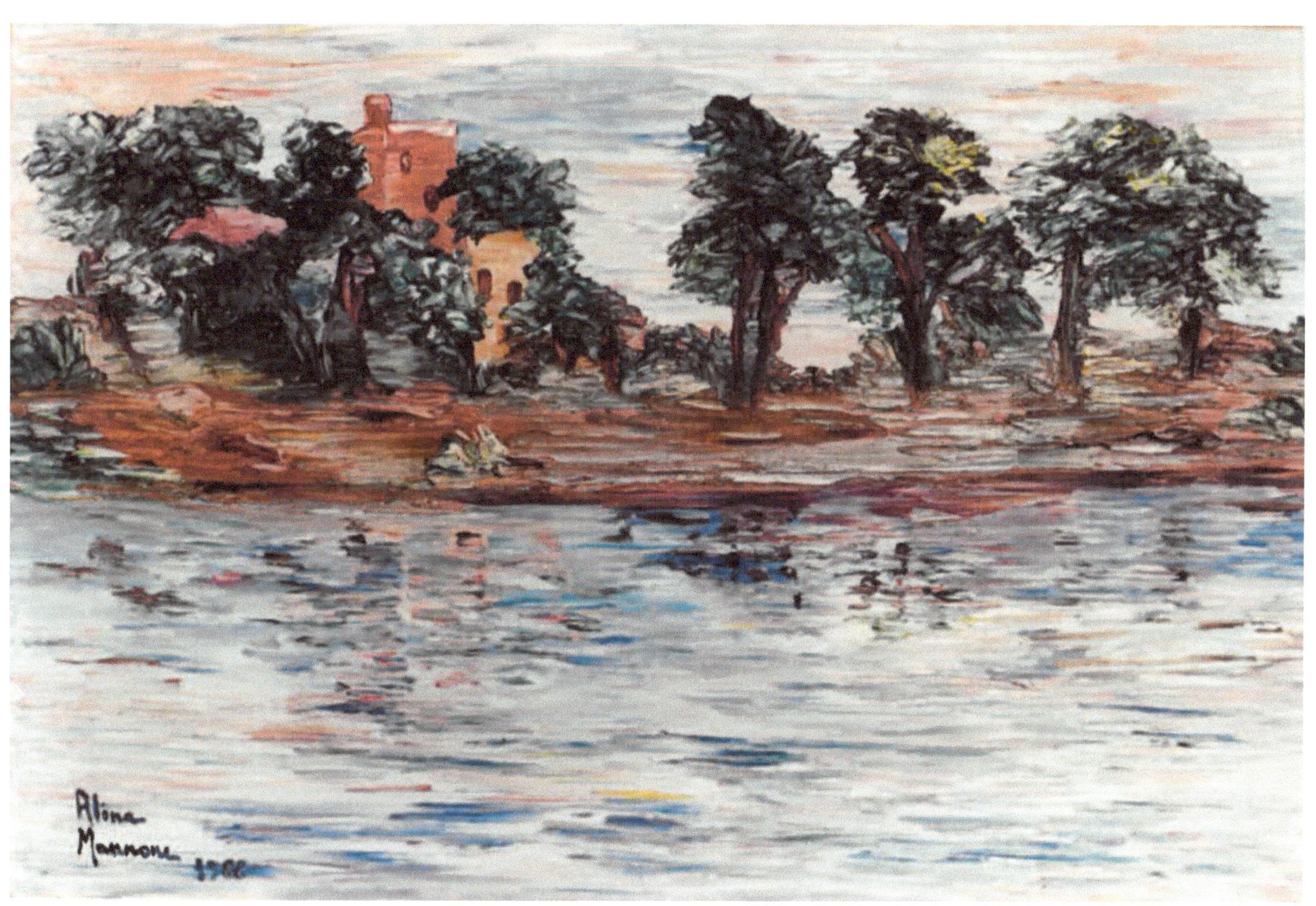

Mothia, 1988, olio, spatola, cm 40x50

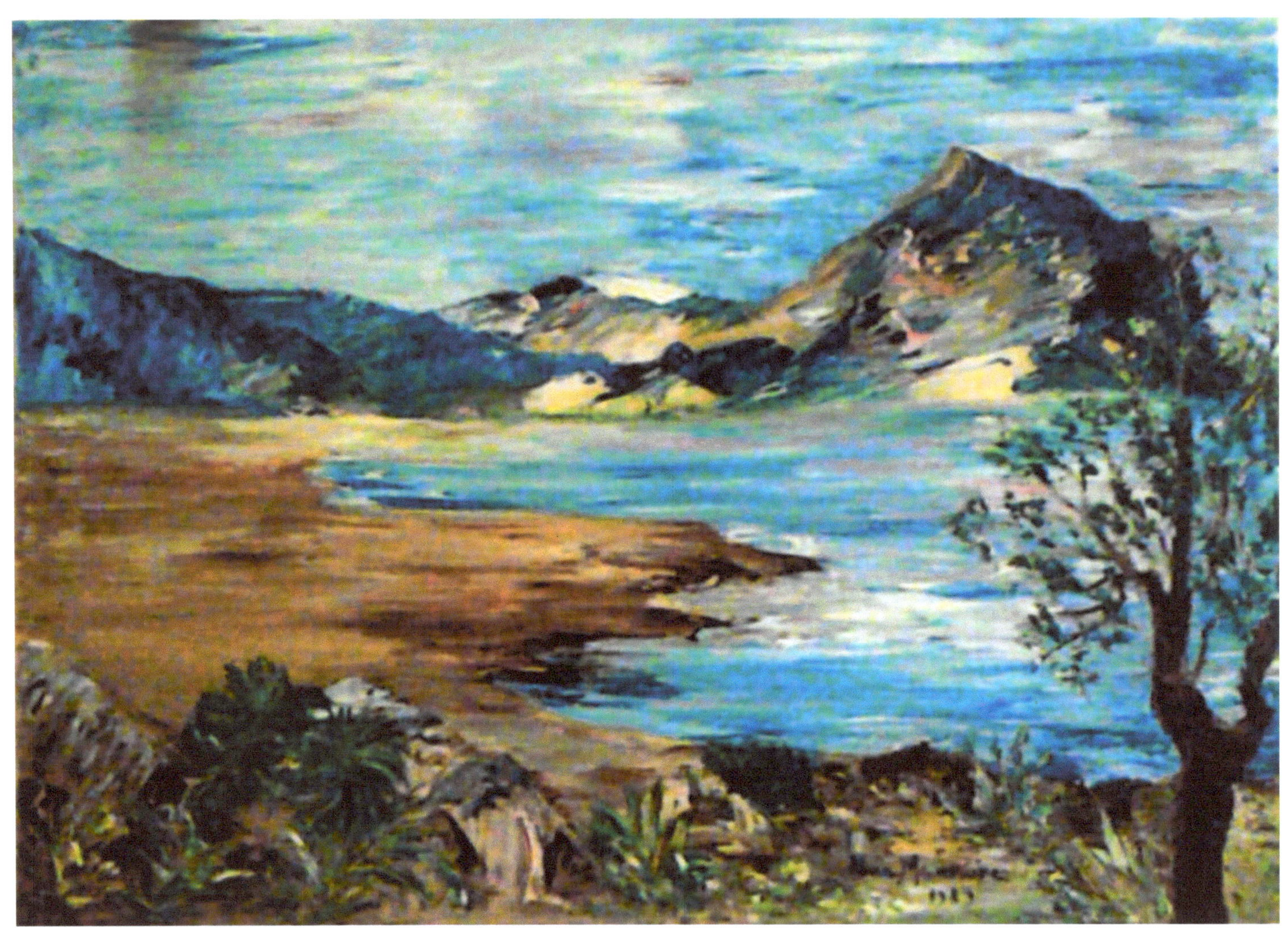

Baia di Macari, Castellammare del Golfo, 1989. olio, spatola, cm 50x70

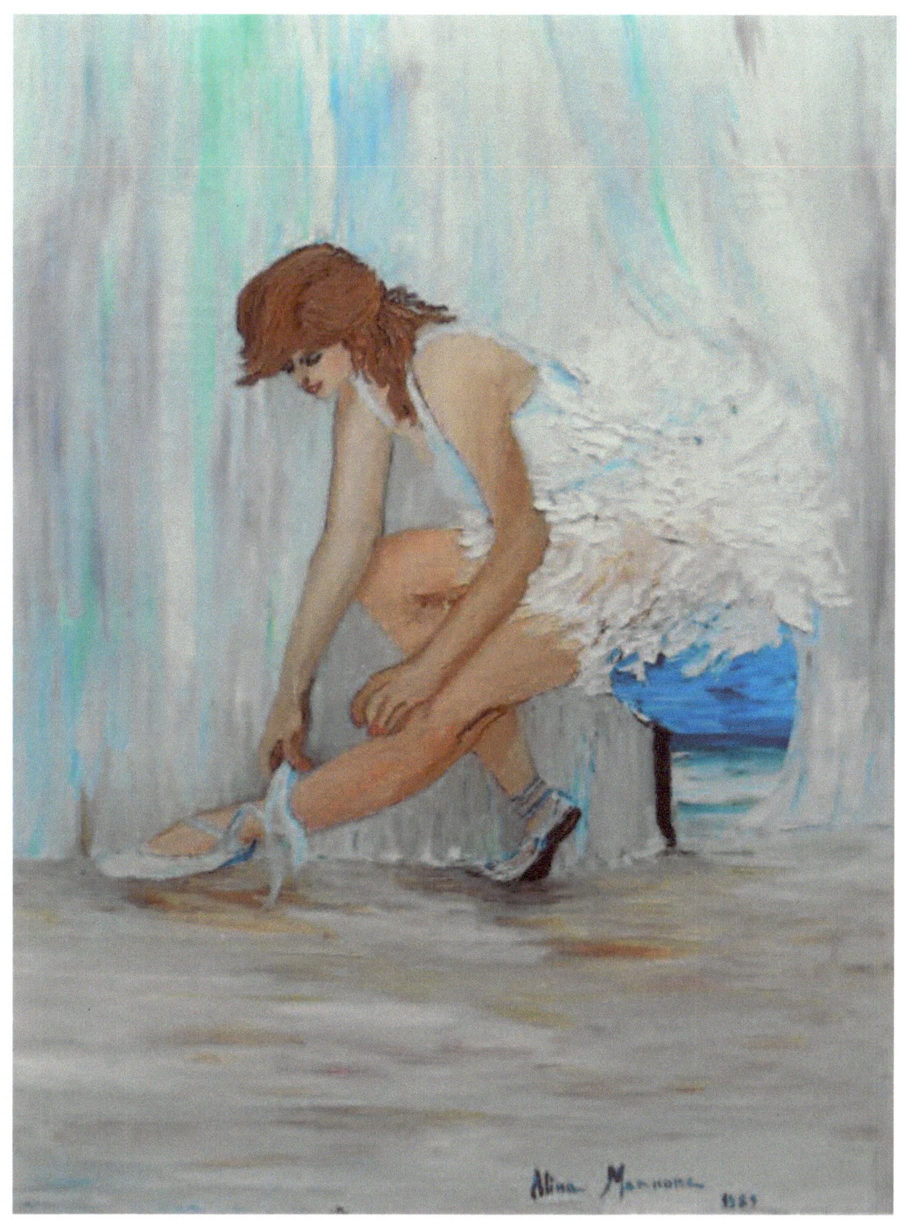

Ballerina, momenti di stasi, 1989, olio, tecnica mista, cm 50x70

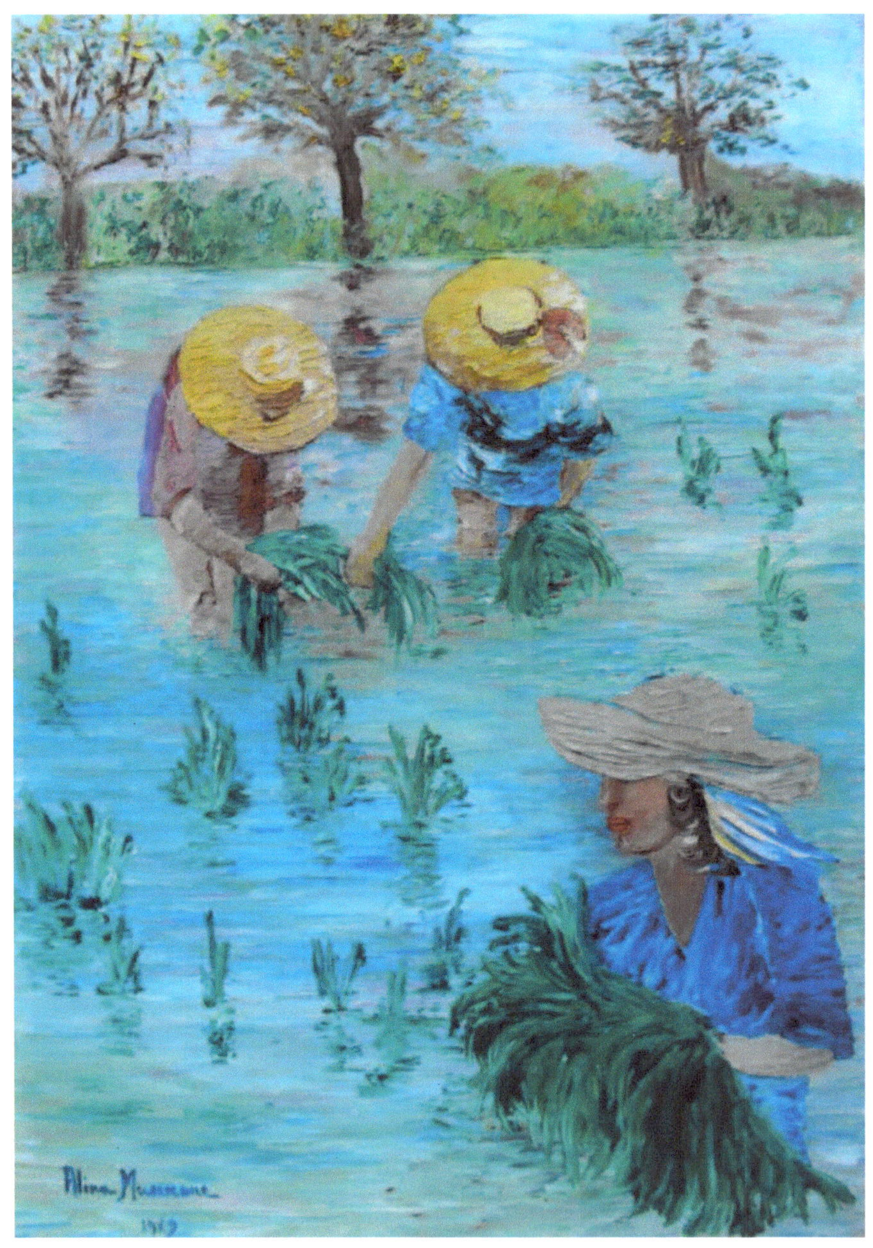

Mondine, 1989, olio, spatola, cm 50x70

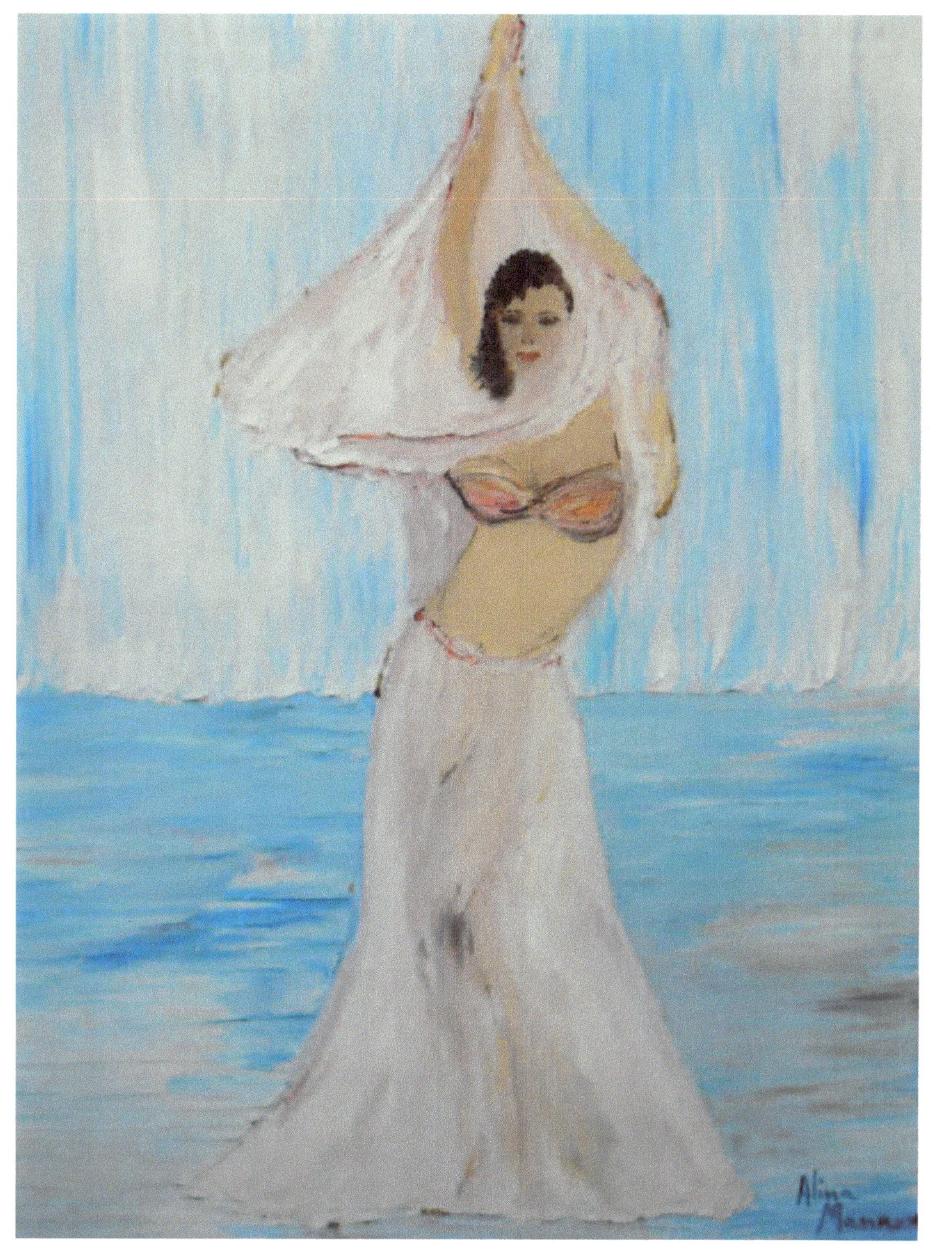

Danzatrice, 1991, olio, tecnica mista, cm 50x70

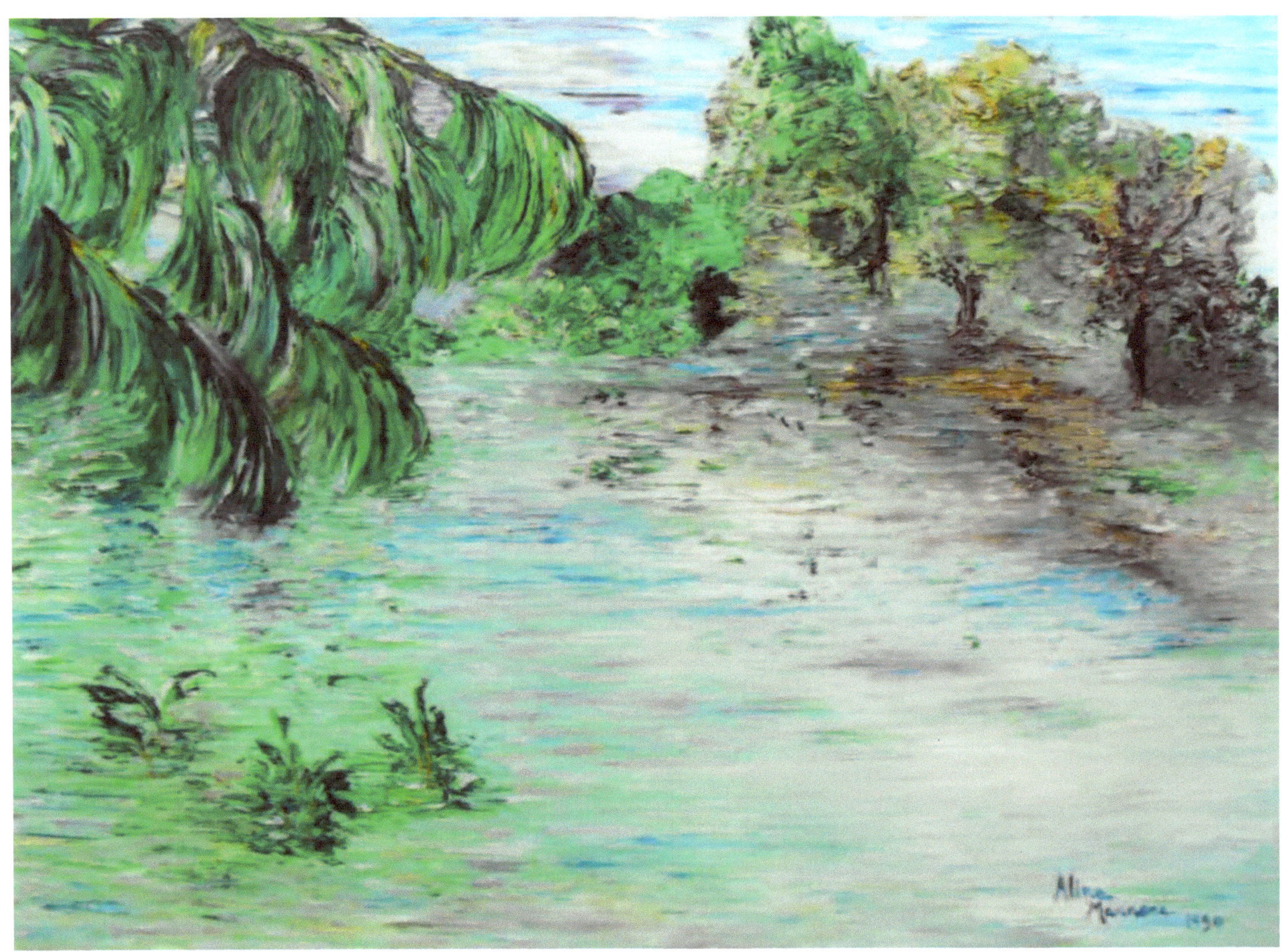

Palude, 1990, olio, spatola, cm 50x70

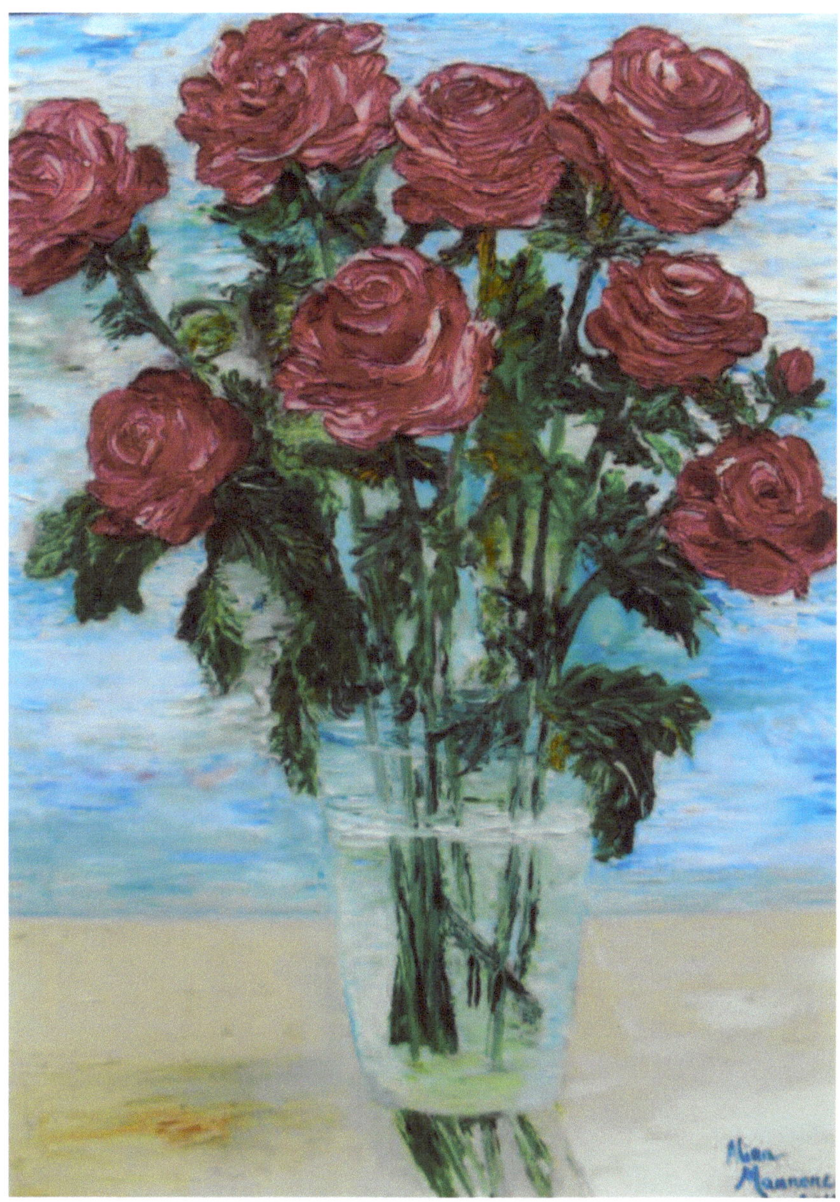

Rose in vaso, 2011, olio, spatola, cm 60x80

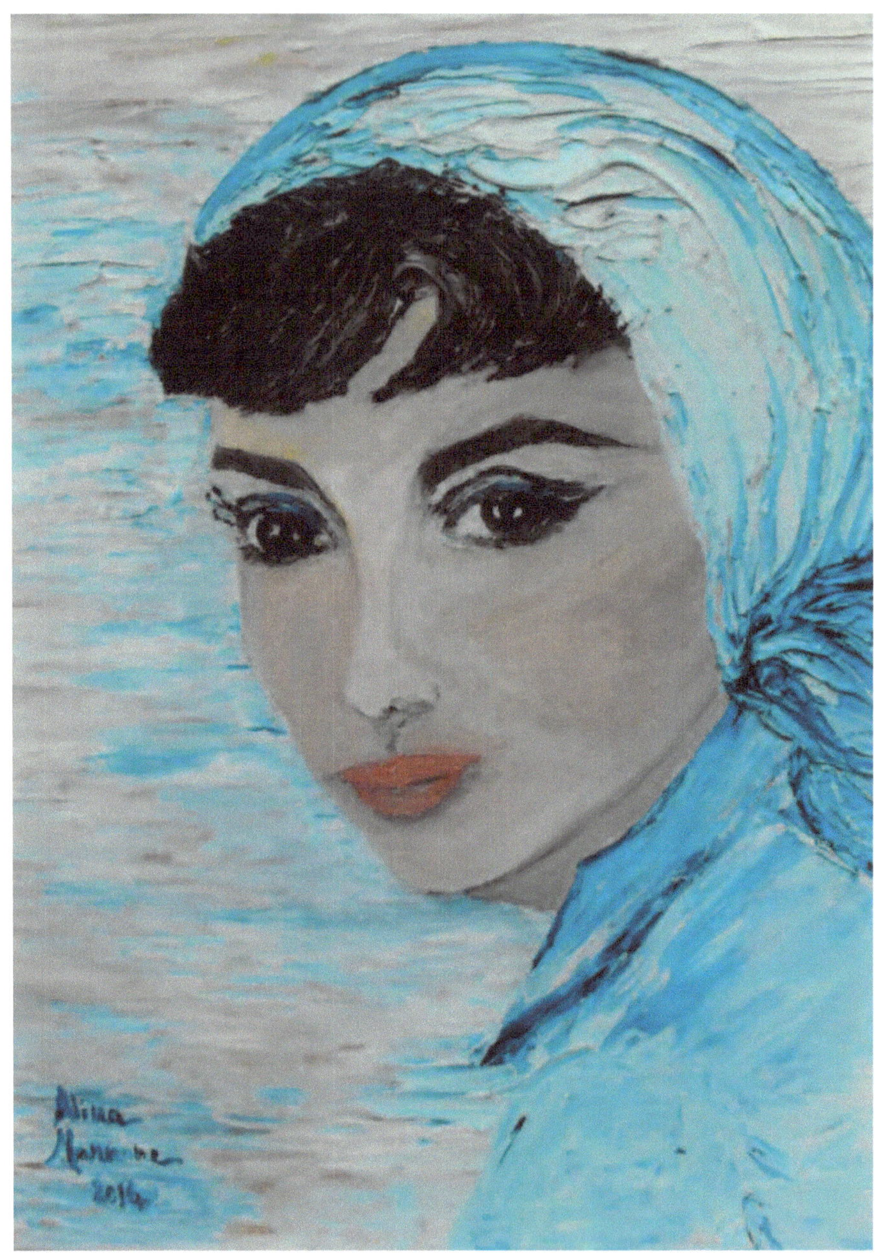

Omaggio a Audrey Hepburn, 2014, olio, tecnica mista, cm 40x50

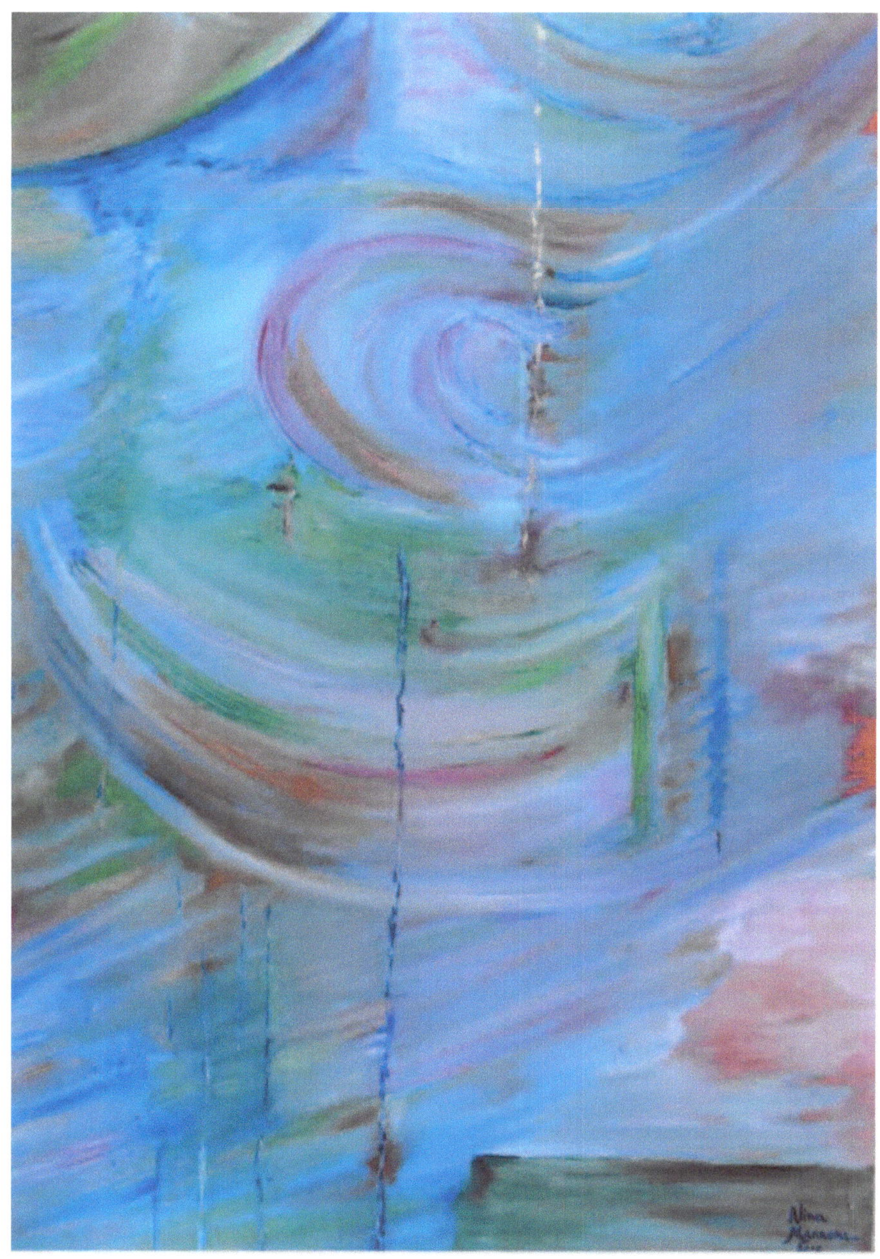

Gnosi, il senso della vita, 2016, olio, pennello, cm 70x100

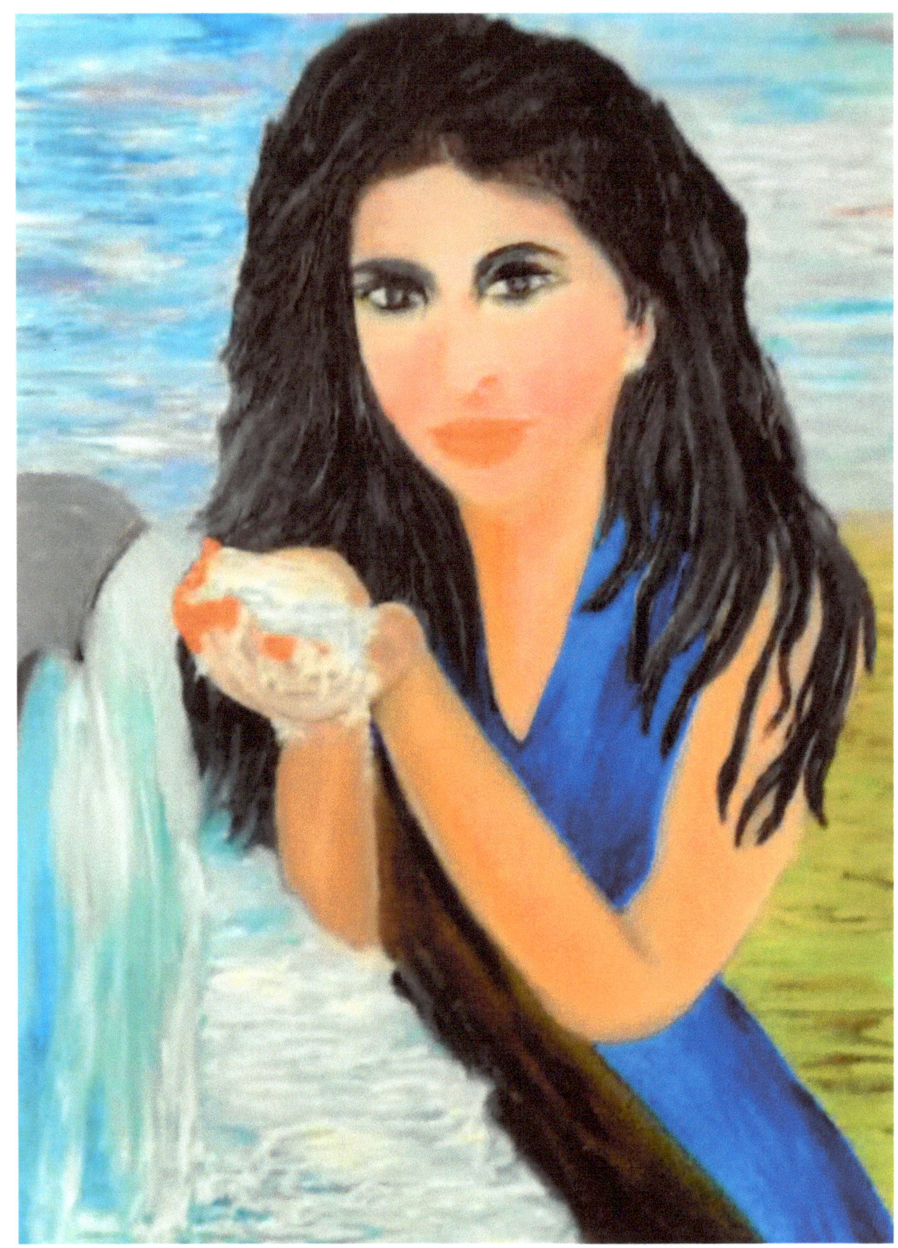

Acqua viva, 2016, olio, pennello, cm 60x80

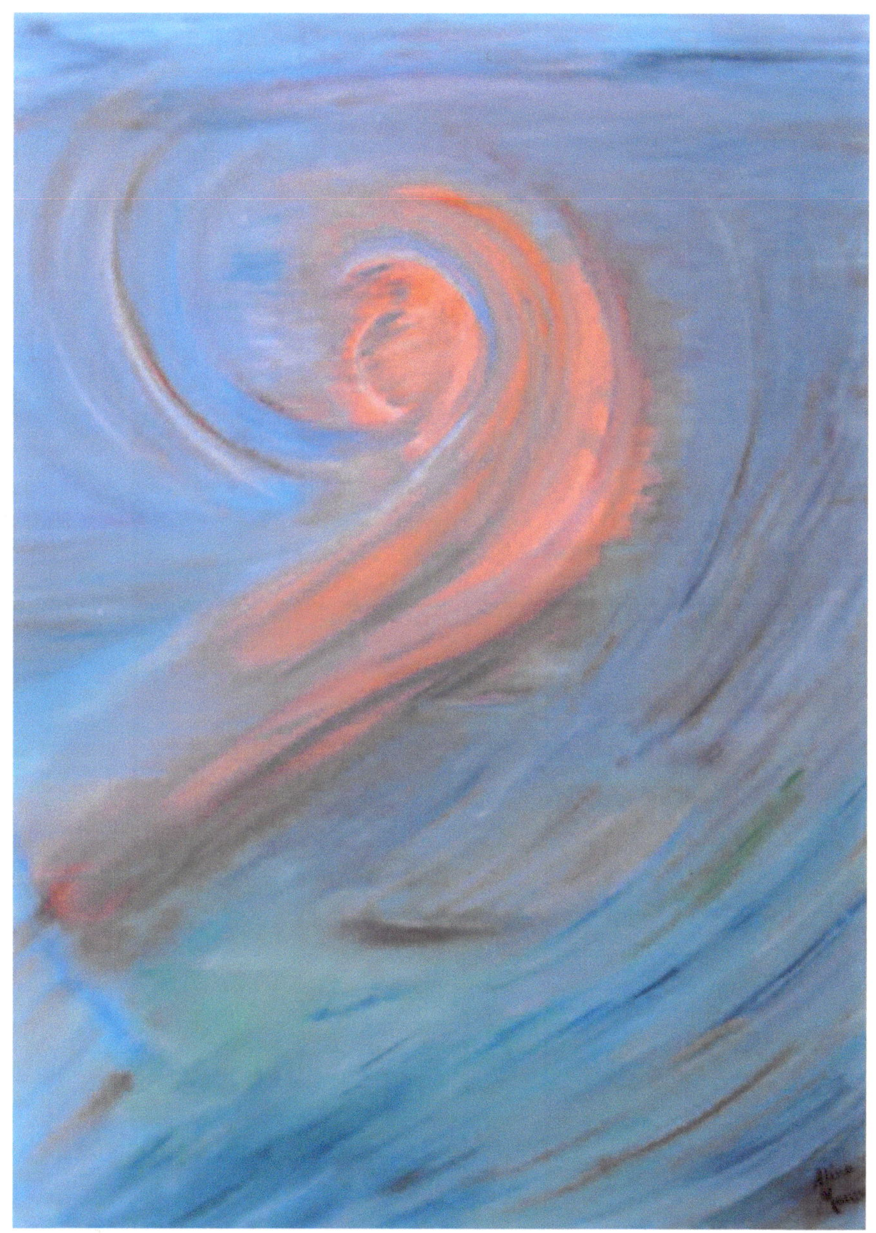

Et fiat lux, 2016, olio, pennello, cm 75x100

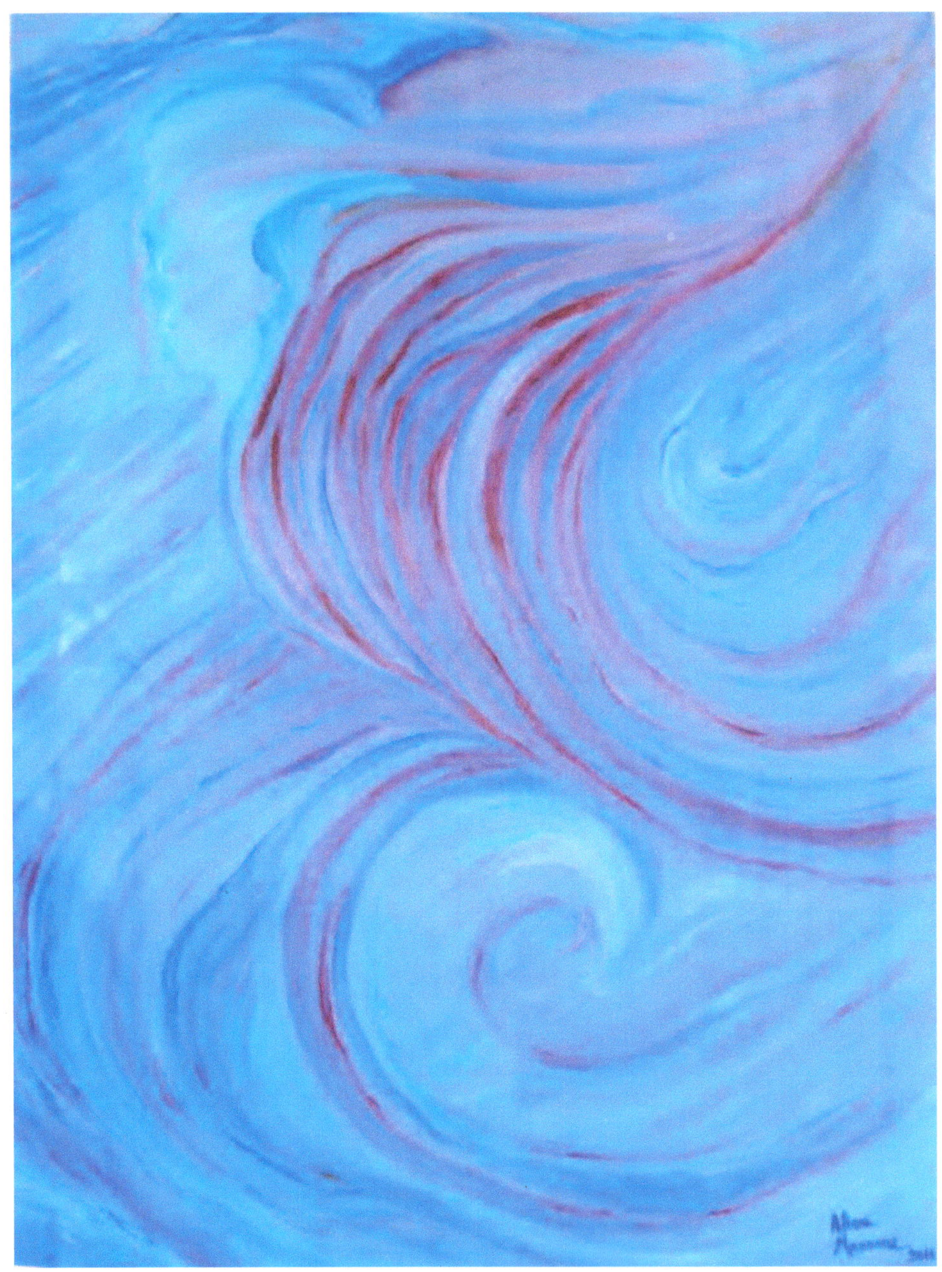

L'amore nella vita, 2017, olio, pennello, cm 70x100

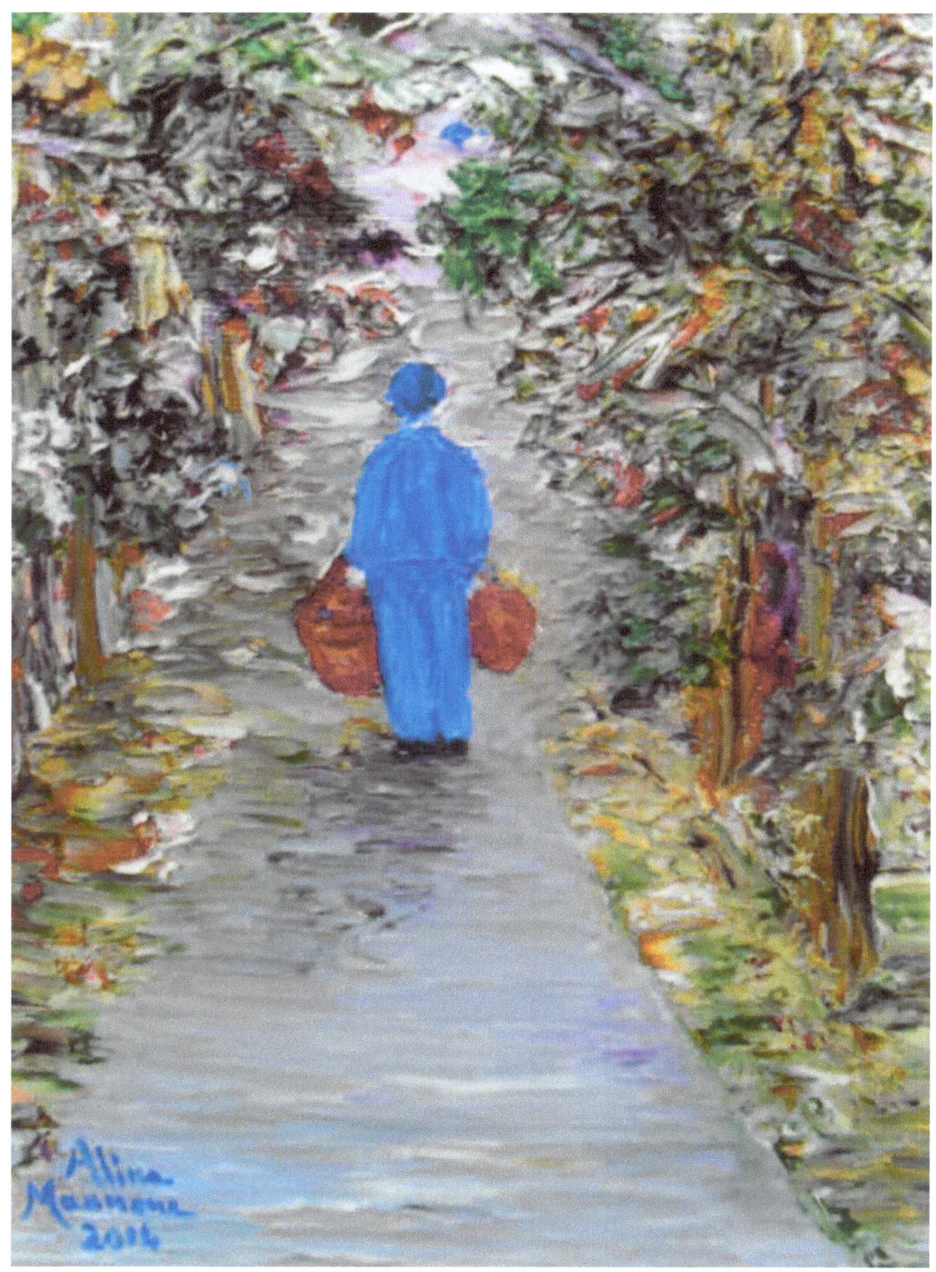

Ritorno a casa, 2014, olio, spatola, cm 20x30

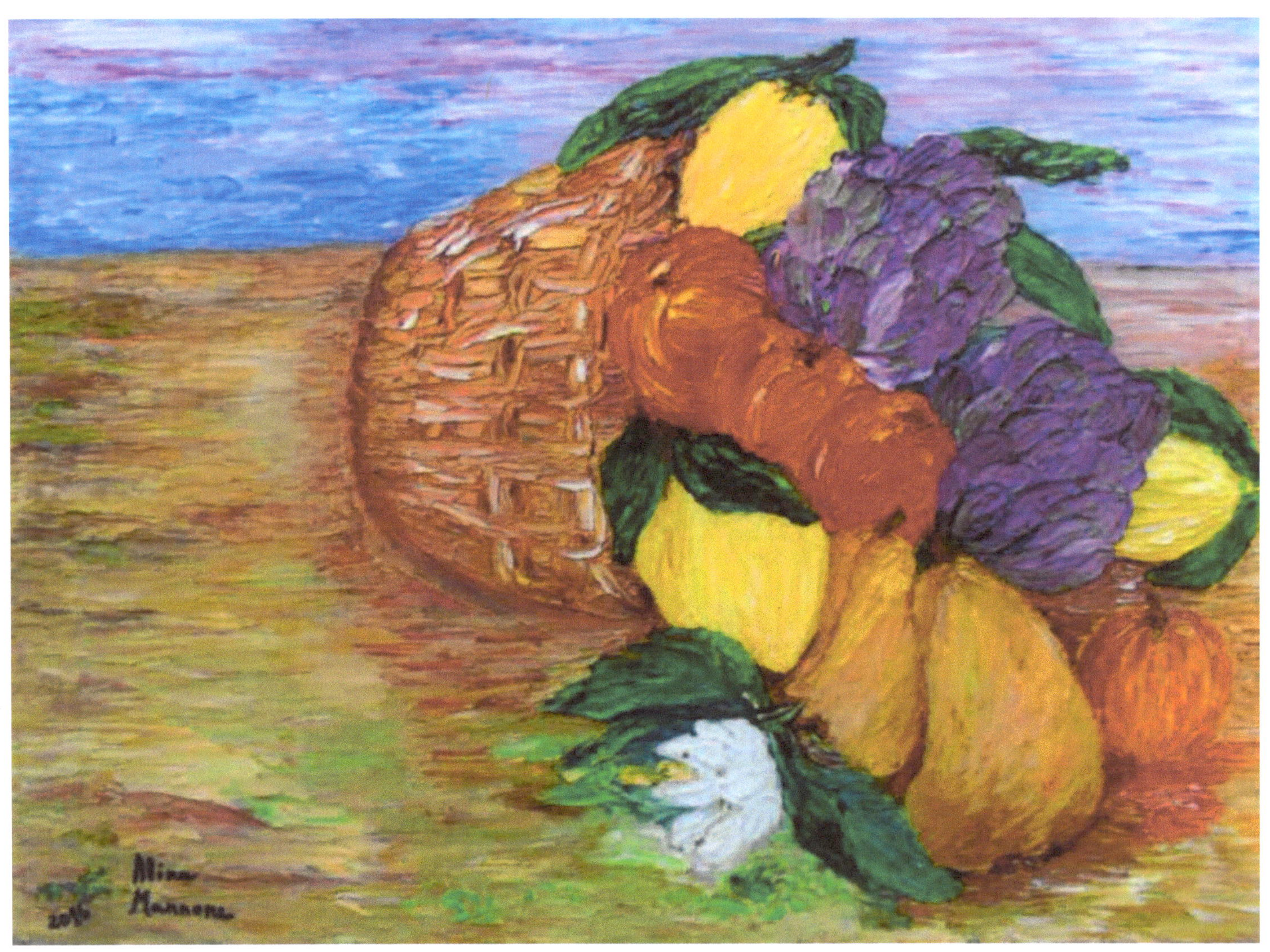

Un cesto di freschezza, 2016, olio, spatola, cm 50x70

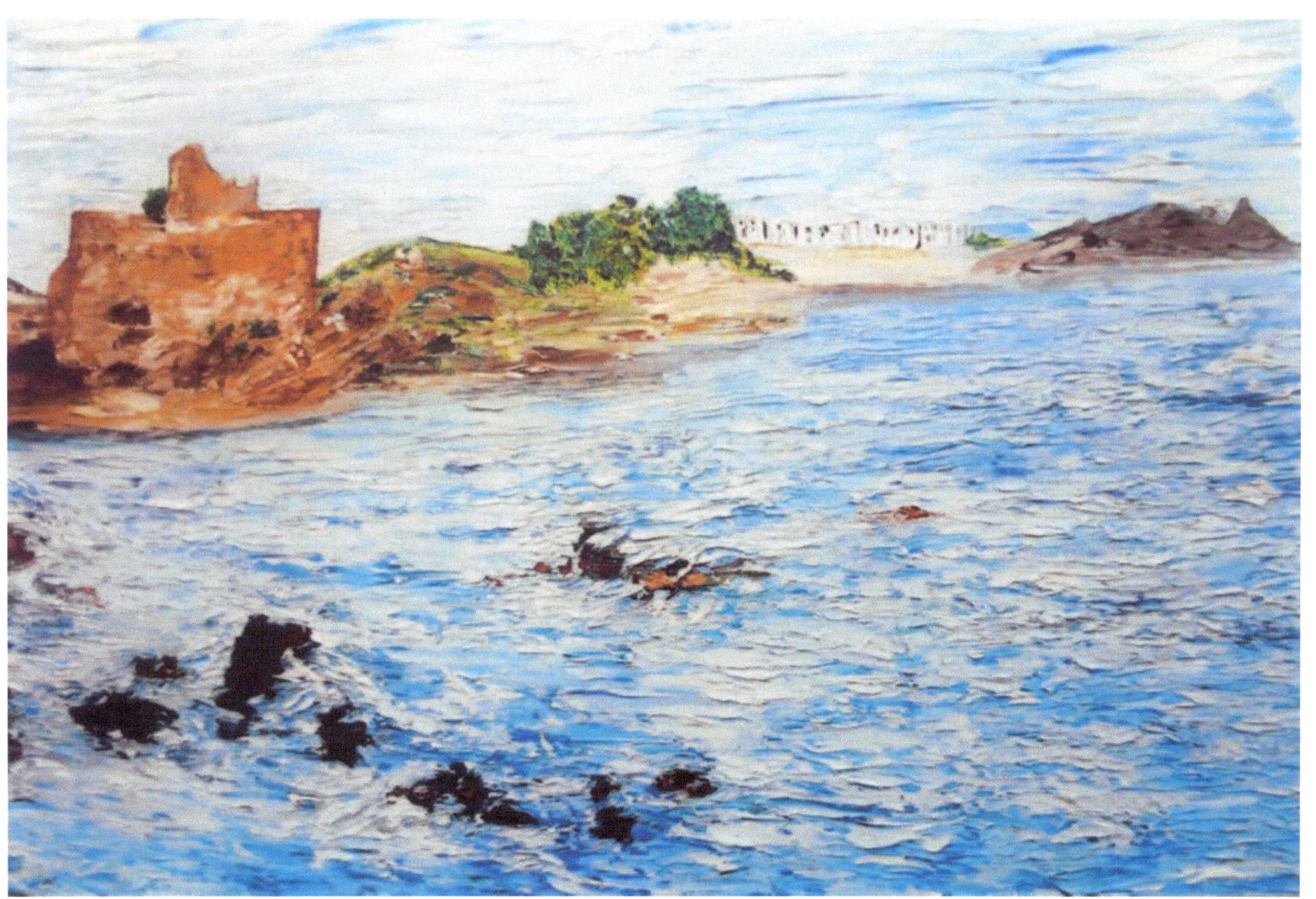

Acireale, 2013, olio, spatola, cm 80x130

Pittrice e disegnatrice, nata a Marsala (TP), ha compiuto studi umanistici, tecnici e artistici a Marsala, Trapani e Palermo; altri studi a Mazara del Vallo (teologici) e Trapani (Scuola Ortofrenica). Ha partecipato a corsi di formazione artistica a Tignale Sul Garda e Roma.

Docente di Scuola Media, per la tecnologia e informatica ha sempre integrato lo studio del disegno tecnico con quello pittorico alternando varie tecniche artistiche nelle attività di laboratorio quali: pittura su tela (olio), sbalzo su metallo, incisione, rilievo su ceramica, calchi in gesso, mosaico, sculture con il pane, pittura su specchi e vetro con l'applicazione del piombo, pittura su stoffa, acquarelli, tempera, acrilici, collage.

Ha esposto in personali e collettive in molte città: Marsala, Milano, Parma, Rimini, Monza, Roma, Taranto, Matera, Acireale, Prato, Firenze, Erice, Viareggio, Praga, New York, Vienna, Londra, Hong Kong, Palma di Majorca, etc. etc. ottenendo prestigiosi premi.

Painter and designer, she was born in Marsala (near Trapani), she has completed humanistic, technical and artistic studies in Marsala, Trapani and Palermo; other studies in Mazara del Vallo (theological) and Trapani (Ortofrenica School). She take part to artistic training courses at Tignale del Garda and at Rome.

She is a teacher of Middle School, for technology and computer science has always integrated the study of technical drawing with the pictorial one alternating various artistic techniques in laboratory activities such as: painting on canvas (oil), embossing on metal, engraving, relief on ceramics, casts in plaster, mosaic, sculptures with bread, painting on mirrors and glass with the application of lead, painting on cloth, water colours, tempera, acrylics, collage.

She made solo and group exhibitions in many cities: Marsala, Milano, Parma, Rimini, Monza, Roma, Taranto, Matera, Acireale, Prato, Firenze, Erice, Viareggio, Praga, New York, Vienna, Londra, Hong Kong, Palma di Majorca, etc. etc. so having prestigious awards.

1990   1° Premio Nazionale "Artisti famosi nel mondo", I Grandi Maestri del xx Secolo, Istituto Nazionale per i Beni Artistici e Culturali di Viareggio

1991   1° Premio "Artisti per la Pace", biennale d'arte italiana e la pace nel mondo, La Spezia

1993   Pubblicazione cataloghi: MDS Roma - Editore Alessandro Remo Piperno e di Augusto Giordano del GR2 RAI , con la collaborazione di Vittorio Vita.

1995   Gran Premio degli Asburgo

1995   Diploma d'onore, 1° Round, Atene-Cairo

1996   Diploma d' onore, Caracas-Roma

2011   Premio Speciale "Artista nella Storia" - 150° Anniversario Unità d'Italia, Rovigo

2012   Nobel dell'Arte, conferimento per meriti artistici per la significativa ricerca e notevole impegno dimostrato in crescendo per la sua carriera, Montecarlo (Francia)

2013   Trofeo all'artista dell'anno 2013, per l'impronta creativa nel panorama artistico nazionale, Cesenatico

2017   Pubblicazione su Artitalia - L'Elite, certificato di autenticità, lo staff critico di Artitalia Edizioni, avendo visionato direttamente l'opera, garantisce che la stessa è di elevato valore artistico e commerciale. Come ulteriore garanzia l'opera è pubblicata sull'annuario L'Elite 2017, selezione Artitalia Edizioni.

1990   1st International Award "Famous artists in the world", I Grandi Maestri del xx Secolo, Istituto Nazionale per i Beni Artistici e Culturali di Viareggio

1991   1st Prize "Artists for peace", italian art biennale and peace in the world , La Spezia

1993   Publication on the catalogues: MDS Roma - Alessandro Remo Piperno editor and in the one of Augusto Giordano of GR2 RAI, with the collaboration of Vittorio Vita.

1995   Gran Premio degli Asburgo

1995   Honour Diploma, 1st Round, Atene-Cairo

1996   Honour Diploma, Caracas-Roma

2011   Special Prize "Artist in history" - 150° Anniversary of the Union of Italy, Rovigo

2012   Nobel dell'Arte, conferment for artistic merit for the significant research and considerable commitment shown growing up for her career, Montecarlo (France)

2013   Trophy of the year 2013 artist, for the creative imprint on the national artistic scene, Cesenatico

2017   Publication on Artitalia - The Elite, a certificate of authenticity, the Artitalia Edizioni's critical staff, having directly examined the work, guarantees that it is of high artistic and commercial value. As a further guarantee, the work is published in the yearbook L'Elite 2017, selection Artitalia Editions

Finito di stampare per conto dello Studio Byblos - Palermo

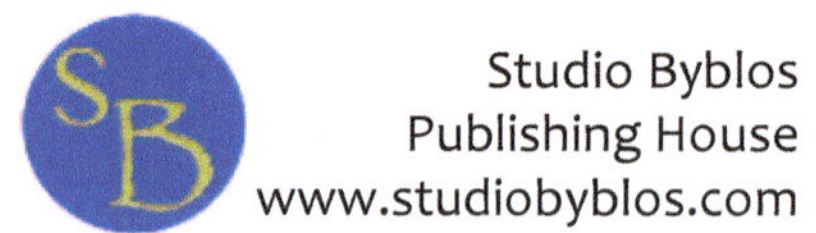

Studio Byblos
Publishing House
www.studiobyblos.com